Fables et jeux mathématiques

© 2022 Claude Pariset
Édition : BoD – Books on Demand, info@bod.fr
Impression : BoD – Books on Demand, In de Tarpen 42,
Norderstedt (Allemagne)
Impression à la demande
ISBN : 978-2-3224-6009-0
Dépôt légal : Octobre 2022

Remerciement aux animateurs et animatrices du Réseau des médiathèques de Saint-Quentin-En-Yvelines pour leur présence et leur soutien lors de la conception de mes recueils. En particulier Farah Yaou la directrice du Canal.

2

1) Le homard et le papillon de nuit

Deux animaux incompatibles
L'un nageant au fond de l'eau
L'autre volant à ailes déployées
Le premier pêché depuis peu
Se repose au fond du réfrigérateur
Indolent il dit :
— « Mangez ma chair en silence ! »
Le second survole comme une mite
Tournoie, virevolte et s'écrie :
— « Ma vie est un présage ,
Je vole à l'Assomption, silencieux
inaudible et me cache des hommes
De lumière en lumière je vis agonisant
En insecte éphémère en saccades !».
Mon homard né, n'est plus fier
Ses pinces liées rendu inoffensif
Ses yeux encirés de boules de suif
Son cœur en léthargie ne peut se confier,
Il a des bulles de salive à la mâchoire.
Muet plein de regret pour son élément,
Il finira cuit dans une cocotte.
Le deuxième animal se cache derrière les rideaux
A t il peur, lui aux ailes marrons
De fuir lorsque j'entre dans la pièce ?
Poussière il n'est que poussière
Bestiole sans oripeaux volant sans risque
Damné sphinx matinal à mon éveil à abattre
Pourtant ses ailes vrombissent mais ne piquent pas.
Le danger vient après le bruit et le fracas ne tarde pas
Comme une moto qui traverse la rue sans avertir.

3

2) La tourterelle et le tourteau

Il était une fois un couple de tourterelles
Et un crabe nommé tourteau :
— « Chantez mes beaux douze ou treize fois ! »
Un tourteau à grosses pinces appelé dormeur
Se prélassait dans l'eau salée
Les pinces repliées le jour et somnolent,
Parcourant parfois deux cents kilomètres la nuit
Il absorbe l'oxygène de l'eau par ses branchies
Il dit :
— »Je fais la sieste le jour ! ».
La tourterelle, elle, chante tout le jour
Par un piaillement saccadé, point final.
Elle s'effraye au moindre mouvement ou frôlement
Et s'envole, le tourteau se cache sous les pierres
A quoi rêve t il ? A la marée montante ?
Si Dieu lui a donné une âme, il va penser.
L'homme a donné pour devise
Manger pour vivre, il est son prédateur.
Il tuera le papillon qui le gêne
Et mangera le tourteau à table.
Pie bavarde au plumage noir et blanc
Merle siffleur noir à bec jaune
Pie aimante de fraise et de tomate
Le merle ne supporte pas de congénère
La couleur du bec est une forme de racisme
De jaune à l'oranger ils sont des compagnons d'habitat
Les oiseaux nichent selon leur race.

4

3) La sauterelle et le gendarme

Tous deux insectes, il était une fois
Une sauterelle qui jouait à saute-mouton
Avec une bestiole dénommé gendarme.
Le chemin du gendarme sans ailes à carapace
Noire et rouge est semé d'embuches vu sa petite taille.
Peux tu me dire, lecteur la différence entre
Moucheron et moustique. Prends une loupe
Tu brûleras de connaissance.
Fais de la macrophotographie tu verras !
Tous les gendarmes rient auprès de la voletante sauterelle
Dans la gendarmerie. De quelle invention s'agit-il ?
D'un dentifrice pour faire tomber les dents
Ou d'un shampooing pour faire chuter les cheveux ?
Un gendarme fait respecter la loi comme la sauterelle
fait un bond en avant sans se soucier des obstacles.

5

## 4) Poète : <u>Victor Hugo</u> (1802-1885)

Recueil : <u>Les châtiments (1853)</u>.

Un jour, maigre et sentant un royal appétit,
Un singe d'une peau de tigre se vêtit.
Le tigre avait été méchant ; lui, fut atroce.
Il avait endossé le droit d'être féroce.
Il se mit à grincer des dents, criant : Je suis
Le vainqueur des halliers, le roi sombre des nuits !
Il s'embusqua, brigand des bois, dans les épines
Il entassa l'horreur, le meurtre, les rapines,
Égorgea les passants, dévasta la forêt,
Fit tout ce qu'avait fait la peau qui le couvrait.
Il vivait dans un antre, entouré de carnage.
Chacun, voyant la peau, croyait au personnage.
Il s'écriait, poussant d'affreux rugissements :
Regardez, ma caverne est pleine d'ossements ;
Devant moi tout recule et frémit, tout émigre,
Tout tremble ; admirez-moi, voyez, je suis un tigre !
Les bêtes l'admiraient, et fuyaient à grands pas.
Un belluaire vint, le saisit dans ses bras,
Déchira cette peau comme on déchire un linge,
Mit à nu ce vainqueur, et dit : Tu n'es qu'un singe !

*Jersey, le 6 novembre 1852.*

<u>Victor Hugo</u>.

6

5) La sentinelle et le fumeur

Il y avait un homme qui rentrait chez lui
Le jour n'était pas levé sans que le soleil ne luit.
Il croisa un passant arborant une cigarette sans bruit
Il demanda du feu à deux pas sans mourir il s'enfuit :
— « Je vois bien que vous fumez, même s'il fait nuit
Alors donnez moi du feu sinon je me jette dans le puits ! »
— « Okay je veux mais avez vous seize ans ? Ou c'est cuit !
Nous ne sommes pas aux Rameaux, préférez vous du buis ?
Il répondit :
 —« je veux allumer ma cigarette, savez vous qui je suis ?
Un pauvre hère venant des Dhuits ! »
Je sortis mon briquet, prêt à faire feu sans que je fuis,
Et alluma sa tige sans huissier à côté de l'huis.
Et l'autre ne sentit pas sa joie mais se dit comblé, merci.
Il avait tout d'un homme qui jouit
Pareil à celui qui achète à carrefour un fromage référencé Rouy
Au loin j'entendis des oiseaux et leurs gazouillis.

7

6) Taciturne et sournois.

En ce temps là, j'avais une maîtresse de collège de choix
Elle me jugea sur le carnet taciturne et sournois
Avant mon brevet je participai à un tournoi.
Comme régime je mangeai des figues et des noix ;

Dans ma trousse un minidictionnaire qui tournoie
Caché sans le dire, au milieu de mes crayons en restant coi
J'apprenai sagement de tout mon poids
Je n'imaginai pas alors aller à Enghein ou à Sannois

Je n'avais pas de camarade ni de riche viennois
Ni autrichien ni français, je lisais le pape François
Et voyait les feuilletons avec Mac Queen au nom de la loi
Triste et morose je longeais les murs et les parois

Sournois, hypocrite je n'avais pas l'air d'un roi
Monarque simple à la façon de Charles III pas né à Charleroi
Je faisais la sourde oreille, on me montrait du doigt
Alors je restai pantois et tout en émoi.

Converti par la nature en adolescent, étais-je déjà moi ?
Mes sœurs et mes parents vivant sous la même toit
Dans cette mare au canard je devais éviter que je me noie
Le prêtre du village au cimetière m'y envoie

Ecouter Beethoven et l'hymne à la joie
Claudio, j'étais claudiquant et benoît
Si j'étais taciturne c'est que j'avais mal au foie
A moins que de préférer les nuisettes en soie.

8

7) Mauvaise graine ou pauvre diable

Mon Dieu tu m'oublies ; je suis petite graine
Je pleure des larmes à en perdre haleine.
Que d'inconnus aux yeux de bille, croisés en petite laine !
La campagne est verte c'est un bon domaine
Qui sied si bien à ma tante, ma marraine
Paysage sauvage qui abrite les moraines
Être ou ne pas être près de l'hêtre et ses faines
Faut-il toujours aimer et échapper à la haine ?
Alors que Satan nous emprisonne avec ses chaînes.
A la caisse de carrefour la carte bleue, je dégaine
De mon solde de banque je me fais raison saine
Les petits enfants crient auprès de leur mère naine
Ne m'offres tu mon Dieu qu'une espérance vaine ?
Pour mes lombaires je porte une gaine
Souffrance, pitié, misère, quelle rengaine !
Mon Dieu ayez pitié de ma petite graine !
Qui n'aime guère voyager jusqu'en Touraine ?
Et encore moins résister comme l'Ukraine.
Valeureux soldats face au despote ; les grandes plaines
Quels résultats pour les prières de Ghislaine ?
Terreur, menace nucléaire jamais ne déchaîne
Fin du monde et parousie ne s'enchainent
Reste de civilisation ou début de la prochaine ?
Incas ou mayas impossible que je parraine
Quel écrivain, quel narrateur cet Hippolyte Taine !
L'enfer de Dante est une œuvre romaine
Frère convoites-tu la cheftaine ?
Qui est âgée d'une vingtaine
Quelle aubaine pour une diocésaine !
Quelle vilaine ! Elle qui prêche la semaine !

9

Plutôt des statues en porcelaine !
Que des bougies pour des neuvaines
Allègrement disposées avec des mitaines.
Voilà de quoi donner aux fidèles la migraine
Aussi à un écrivain inspiré par quelque fontaine
Orné d'une bedaine d'une cinquantaine en quarantaine.


_o_o_o_o_o_o_o_o_o_o_o_o_o_o_o_o_o_o_o_o_o_o_o_o_o_o_o_o_o_o_o_o_o_o_
Shiva, l'araignée et la poulpe


Arthropodes et Céphalopodes bonjour ! ; dotés de tentacules ou
pattes ; les voici !
Le poulpe a huit tentacules, trois cœurs, neuf cerveaux, deux
rangées de ventouses pour s'accrocher au sol ; il mange
coquillages et crustacés, muni d'un petit bec, il se déplace en
soufflant l'eau aspirée. Paul le poulpe devin intelligent a
désigné le vainqueur de la dernière coupe du monde de football
et les résultats de l'Allemagne ; gain assuré aux paris. Il a le
sang bleu, symbole de noblesse et royauté et a l'art du
camouflage.
Dame araignée peuple nos maisons à l'abri de l'hiver, sa
réputation est surfaite, non dangereuse sauf mygales. Cannibale
elle tue insectes moucherons et moustiques. Elle a huit pattes
fines.
Shiva a quatre ou six bras, est représentée comme une divinité
en couleur bleue, symbolise le courage dans l'hindouisme, la
lutte contre le mal, la vérité.
Concevoir un robot multi-tâches semble inspiré de la Nature.

8) Paroles de chanson « du côté de chez Swann » de Dave

On oublie, hier est loin, si loin d'aujourd'hui
Mais il m'arrive souvent de rêver encore
À l'adolescent que je ne suis plus
On sourit en revoyant sur les photos jaunies
L'air un peu trop sûr de soi que l'on prend à 16 ans
Et que l'on fait de son mieux pour paraître plus vieux
J'irai bien refaire un tour du côté de chez Swann
Revoir mon premier amour qui m'a donné rendez-vous sous le chêne
Et se laissait embrasser sur la joue
Je ne voudrai pas refaire le chemin à l'envers
Et pourtant je paierai cher pour revivre un seul instant
Le temps du bonheur à l'ombre d'une fille en fleurs
On oublie, et puis un jour il suffit d'un parfum
Pour qu'on retrouve soudain la magie d'un matin
Et l'on oublie l'avenir pour quelques souvenirs
Et je m'en vais faire un tour du côté de chez Swann
Revoir mon premier amour qui m'a donné rendez-vous sous le chêne
Et se laissait embrasser sur la joue
Je ne voudrai pas refaire le chemin à l'envers
Et pourtant je paierai cher pour revivre un seul instant
Le temps du bonheur à l'ombre d'une fille en fleurs
J'irai bien refaire un tour du côté de chez Swann
Revoir mon premier amour qui m'a donné rendez-vous sous le chêne
Et se laissait embrasser sur la joue
Je ne voudrai pas refaire le chemin à l'envers
Et pourtant je paierai cher pour revivre un seul instant
Le temps du bonheur à l'ombre d'une fille en fleurs

11

J'irai bien refaire un tour du côté de chez Swann
Revoir mon premier amour qui m'a donné rendez-vous...

12

9) Le club des lions

Aux réunions statutaires nous nous rallions
Sans autre forme de procès ni rébellion.
Au début de l'assemblée nous avons un appétit de lion
Promesse d'un soir avec nos hanches et notre ilion.

Vite, une évocation d'une croisière en Espagne en galion
Ou d'un périple yvelinois à Bullion.
La salade est prête, inutile que nous la salions
Personne n'est coupable et soumis à la loi du talion.

Amoureux, adeptes pour la réussite, disciple de Pygmalion
Et celui qui a déchiffré les hiéroglyphes, Champollion.
Sans comparaison avec les scandales de Fillion
Qui nous navre avec ses mauvais millions.

Il reste en politique une vérité que nous délions ;
Tant de discours proférés que nous avalions
A nous en faire péter les ganglions
Un premier ministre déguisé en trublion.

De notre pouvoir d'achat nous en régalions,
Devant une inflation galopante nous capitulions
Aussi vers l'espoir bien ou mal nous allions,
Comme ces parents d'autiste que nous épaulions.

A Aqualina rassemblons nous il faut que nous y allions.

13

10) Le premier pas

J'aim'rais qu'elle fasse le premier pas
Je sais que cela ne se fait pas
Pourtant j'aimerais
Que ce soit elle qui vienne à moi
Car, voyez vous, je n'ose pas
Rechercher la manière
De la voir, de lui plaire
L'approcher, lui parler
Et ne pas la brusquer
Lui dire des mots d'amour
Sans savoir en retour
Si elle aimera
Ou refusera ce premier pas
Le premier pas
J'aimerais qu'elle fasse le premier pas
On peut s'attendre longtemps comme ça
On peut rester
Des années à se contempler
Et vivre chacun de son côté
Je la rencontrerais
Au bas de l'escalier
Puis, comme tous les jours
Elle me dira "Bonjour"
Seulement cette fois
Elle me prendra le bras
Me conduira dans sa maison
Ou nous ferons
Le premier pas d'amour
Dans son lit, jour après jour

14

Elle me dévoilera son corps
Me donnera tous les remords
De n'avoir pas dit plus tôt le premier mot
Le premier mot
J'aimerais qu'elle dise le premier mot
La nuit j'en rêve et c'est idiot
Si elle voulait
Seulement me faire signe tout bas
Alors je ferais je le crois
Le premier pas


Paroles de Claude Michel Schonberg

15

11) Sabine le caniche gris

Dans l'attente la vie jalouse le sentiment d'ennui.
Il reste que la jalousie n'est pas innée chez l'homme comme le chien, elle prédomine en s'acquérant le long de la vie.

Ainsi un nourrisson de six mois deviendra jaloux d'un nouveau né en devenant sale. Un chien peut être malade ou jaloux si son maître lui présente un faux chien qu'il va vouloir casser. Ce n'est pas un sentiment réservé à l'homme mais une sensation, ainsi les chats les poissons et les oiseaux sont attachés à leur territoire, sensation qui n'est pas définie comme de l'envie, synonyme de manque. Ainsi une femme immature peut subir l'envie d'être un homme par le manque de membre viril.

Le chien aurait peur de perdre quelque chose d'important, sa gamelle, à ses yeux qui apporte la sécurité. La jalousie du chien se manifeste par de la frustration voire de l'agressivité. Le chien est un animal sociable d'habitudes, attaché à son rythme et ses rituels. Le nouveau venu devient rival, il grogne, aboie ou mord. La queue haute, les oreilles dressées. Ne pas trop gâter son animal est un sage conseil. La jalousie est une réaction primitive d'une relation trop rapprochée entre lui et son maître.

Lutter contre la jalousie d'un chien, ne pas le regarder, n'y prêter que peu d'attention.

Ainsi Sabine est un caniche si affectueux qu'on voudrait qu'il ait une âme comme les humains. Sa séparation terrestre fut une douleur pour la maisonnée.

Il n'aimait pas l'aspirateur qui lui semblait agressif pour ses pattes. Sa toilette rituelle se faisait par une brosse ou étrille.

Lorsqu'il s'agissait de lui couper les ongles une personne extérieure professionnelle de soins d'animaux était nécessaire.

Il couchait au bas du lit en apportant sa tranquillité.
Il ne manifestait pas de jalousie spéciale, ma sœur mes parents étaient alternativement choyés par cette boule de poils en duvet. Il obéissait joyeusement au moment des promenades en remuant la queue et à des mots comme debout, assis , au pied.

C'est vrai qu'il aboyait par la présence d'un rival canin ou un chat à proximité en les pourchassant. Le facteur la sage femme faisaient l'objet de grognement.

Autrefois le caniche gris était adapté à la chasse au canard dans l'eau, ce qui explique son toilettage « en lion », à la mode à la belle époque, il descend du barbet. Il est considéré comme une race des plus intelligentes parmi les trois les plus remarquables ; utilisé comme chien guide d'aveugle ou animal de cirque. Le caniche est devenu un chien de la royauté française à partir du règne d'HENRI III. Le caniche est resté un chien de la bourgeoisie et des classes supérieures au cours du XIXème siècle.

Sabine fut un compagnon de jeux et de compagnie.

Croisé avec le labrador retreiver le caniche a donné naissance à une nouvelle race, le labradoodle.

12) La France. Est ce que Dieu parle dans les évangiles en pourcentage ? Non certes plutôt en nombre de poissons et de pains.

Est-il satisfait ou nom de l'œuvre des sages ou des pourvoyeurs de guerre ?

Le laisser aller et le laisser faire feraient-ils partie de la diplomatie attentiste et pacifique ?

L'insouciance et l'abondance sont des vecteurs de prospérité et de notre sécurité morale.

Acheter le produit le moins cher est possible mais au détriment de la qualité, ainsi le Bio est plus cher que le produit standard. Comment choisir ? D'abord pour la santé le bio est préférable.
L'application Yuka nous renseigne sur la médiocrité ou l'excellence, avec le code barres.


Aujourd'hui le commerce est mondial. Hier au XIXème siècle et même avant, le commerce triangulaire battait son plein entre les ports français l'Afrique et les nouvelles-Indes.
Les lois mathématiques et le théorème de Pythagore peuvent avec la numérotation des départements se représenter cartographiquement. Ainsi le carré de l'hypoténuse et la somme des carrés des côtés du triangle suivent l'égalité parfaite : 3,4,5 ; 5,12,13 ; 8,15,17 ; et bien d'autres triplets pour des nombres jusqu'à la valeur 100.

Formons des triangles pour  Allier, Alpes de Haute-Provence, Hautes-Alpes.

Hautes-Alpes, Aveyron, Bouches du Rhône.

Ardennes, Cantal, Charente-maritime.

Voir la carte page suivante représentant l'hexagone: Ceci est un petit jeu géométrique qui n'est pas exhaustif.
Douze autres triplets correspondent à la loi géométrique pythagoricienne.
(11,60,61)_Aube,Oise,Orne
(13,84,85)_Bouches du Rhône,Vaucluse,Vendée
(12,35,37)_Aveyron, Ille-et-Vilaine,Indre-et-Loire
(16,63,65)_Charente,Puy-de-Dôme,Hautes-Pyrénées
(36,77,85)_Indre,Seine-et-Marne,Vendée
( 9,40,41)_Ariège,Landes,Loir-et-Cher
(33,56,65)_Gironde,Morbihan,Hautes-Pyrénées
(39,80,89)_Jura,Somme,Yonne
( 7,24,25)_Ardèche,Dordogne,Doubs
(28,45,53)_Eure-et-loire,Loiret,Mayenne
(48,55,73)_Lozère,Meuse,Savoie
(65,72,97)_Hautes-Pyrénées, Sarthe,Martinique

Influencé par l'école milésienne, Pythagore a eu des idées remarquables :
1. Harmonie des sphères
2. Nombre d'or
3. Théorème de Pythagore
Il est né vers 580 av. J.-C a influencé le Pic de la Mirandole, Platon et Cicéron.

_o_o_o_o_o

Or, le triangle rectangle est un demi carré, il existe dans notre cas de figure des triangles quelconques ou scalènes mais aussi des triangles isocèles et équilatéraux.

En mécanique des triangles de suspension, reliant le châssis et la roue, Ils possèdent deux points de fixation le silent bloc côté châssis et la rotule de suspension côté moyeu.

Le triangle est aussi un instrument de musique ; le musicien le tient d'une main grâce à une petite corde et frappe dessus de l'autre main à l'aide d'une tige métallique ; Son usage est attesté depuis le XIVème siècle.

Le triangle de Karpman est à la base de jeux psychologiques avec scénario victime, persécuteur et sauveur. C'est une figure d'analyse transactionnelle ; Se joue à deux personnes en alternant les trois rôles. Appelé aussi triangle dramatique car les protagonistes doivent adopter ces rôles.

Tout triplet pythagoricien (a,b,c) est de manière unique, produit d'un triplet pythagoricien primitif par un entier strictement positif. Le pgcd de (a,b,c).

22

13) Liste des nombres premiers jusqu'à 100 :
2,3,5,7,11,13,17,19,23,29,31,37,41,43,47,53,59,61,67,71,73,79,
83,89,97... soit 26 nombres premiers

Il existe des couplets de nombres entiers dits jumeaux,
consécutifs dans la liste
$1*2*3*4= 24+1 = 5^2$
$2*3*4*5= 120+1= 11^2$
$3*4*5*6= 360+1 = 19^2$

Autre exemple : $5*6*7*8 +1= 41^2$
d'où la formule générale :
$(x-1)*x*(x+1)*(x+2)=(x^2+x-1)^2$

Suite de Fibonacci :
1,2,3,5,8,13,21,34,55,89 ; 2 nombres premiers consécutifs
égalent le suivant (34+55=89)

Pi= 3,14159265359... ou 355:113 = 3,14159292035... ou 22/7=
3,14285...

La vraie valeur de pi est infinie.

°-°-°-°-°-°-°-°

Jeu mathématique :
Comment faire 15 avec 2,5,7,9 ?

réponse 5+7=12 ;   12*2=24 ;   24-9=15
Le compte est bon

23

14) Le nombre d'or.

L'or en état d'élément a une masse atomique de 196,9
Le nombre d'or est : (1 + V5)/2

Le carré du nombre d'or : {(1+V5)/2}* {(1+V5)/2}=
(1)
(1+2V5+5)/4= (3+V5)/2={ 2+ (1+V5)}/2=1+{(1+V5)/2}
Donc le carré du nombre d'or est égal au nombre d'or plus
l'entier 1.

La somme de deux nombres d'or (1+V5)/2 + (1+V5)/2=
2+2V5/2 = 1+V5 ou le double du nombre d'or

Le produit du nombre d'or par son inverse est égal à 1

Le produit de deux nombres d'or conjugués=
(1+v5)/2* (1-V5)/2= (1-2V5-5)/4= (-4-2V5)/4= (-2-V5)/2=-
1/2-V5/2
= -(1+V5)/2
est égal à l'opposé du nombre d'or

Le produit de nombre d'or opposés=
{(1+V5)/2}*-1{(1+V5)/2}= CQFD= -2 -(1+V5)/2


*Le rapport entre la taille d'un homme et de l'hauteur de son
nombril correspond au nombre d'or.*

_o_o_o_o_o_o_o

24

Surface d'un cercle de rayon égal au nombre d'or :22/7*
(1+V5)/2 ou pi*R²

R² est connu voir (1)

(22/7)* (22+22V5)/14 ou (232+232V5)/49= 232/49 (1+V5)=
(464/49){(1+V5)/2}

Le diamètre d'un cercle de rayon égal au nombre d'or
2*(22/7)*{(1+V5)/2}
22+22V5/7= (44/7)*{(1+V5)/2}

Le milieu de la diagonale du carré est à V2+ V10 du sommet
du carré.

_°_°_°_°_°_°_°

La sphère de révolution d'un cercle de rayon nombre d'or, son
volume 4/3piR³
4/3*{22/7*{(1+V5)/2}³)=
2/3*{66+22V5}/7=(132+4V5)/(3*7) ou (43+4V5)/7

Le nombre d'or est approximatif 1,618034
La circonférence d'une sphère de rayon nombre d'or
2*22/7*{(1+V5)/2)} ou 22/7*(1+V5) et encore 22*{(1/7)
+V5} est vrai ?

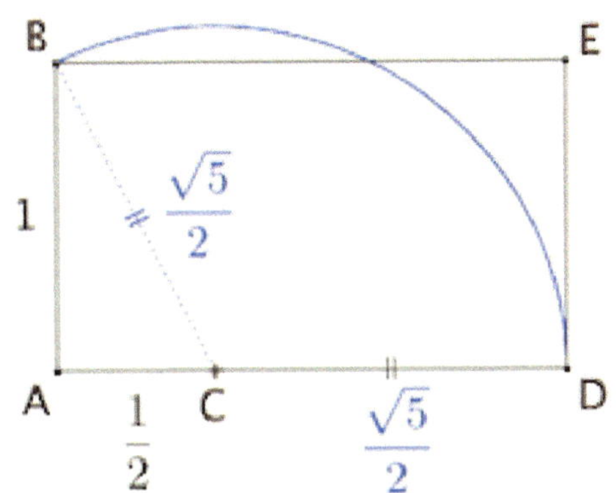

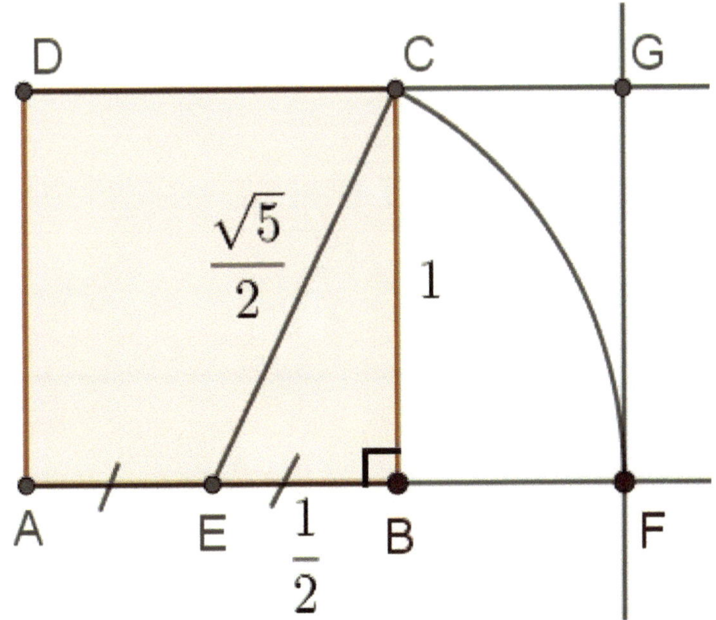

Construction du nombre d'or à partir d'un carré

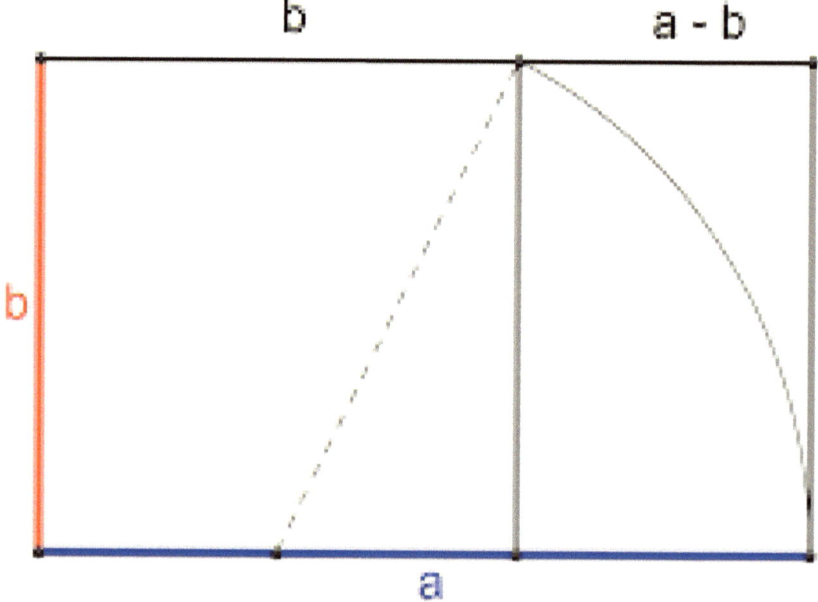

15) Magie du triangle arithmétique

# Magie mathématique
## - Le triangle arithmétique -

### Matériel :

- Vidéo du tour
- 1 jeu de cartes
- Illustration du triangle

## Comment faire le tour de magie

BUT :

Trouver la valeur de la carte sélectionnée par le spectateur.
*N.B. La valeur du valet, de la dame, du roi et de l'as sont respectivement de 11, 12, 13 et 1.*

PRÉPARATION :

- Représenter sur une feuille de papier le triangle arithmétique nécessaire pour ce tour. Voici le triangle à reproduire :

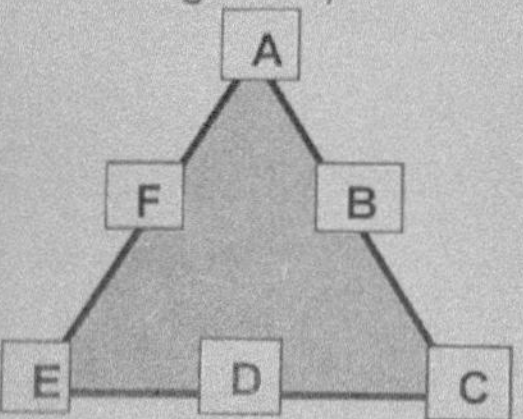

- Enlever les jokers du jeu de cartes.

TOUR :

1. Le spectateur sélectionne quatre cartes parmi les 52 et les cache au magicien.

2. Parmi les quatre cartes, il choisit une carte et retient sa valeur. Il met les quatre cartes de côté, faces cachées.

3. Pendant que le magicien est retourné, le spectateur répartit certaines cartes sur les lettres du triangle de la façon suivante :

   a) Il place un nombre de cartes équivalant à la valeur de la carte choisie sur chacun des sommets du triangle (les lettres A, C et E).

   b) Il distribue les cartes restantes une à la fois en alternant une sur B, une sur D et une sur F, jusqu'à ce qu'il ne reste plus aucune carte.

4. Le magicien demande au spectateur de choisir un des trois côtés du triangle, de compter le nombre de cartes sur ce côté et de lui dévoiler ce nombre.

5. Le magicien peut alors dire la valeur de la carte du spectateur.

   *Pour ce faire, le magicien n'a qu'à soustraire 16 du nombre de cartes apparaissant sur le côté du triangle.*

www.semainedesmaths.ulaval.ca

# EXPLICATION MATHÉMATIQUE

## Voici pourquoi ce tour fonctionne.

### Première résolution possible (algébrique) :

Au début du tour, le spectateur sélectionne 4 cartes et les retire du jeu. Ainsi, le tour se déroule avec 48 cartes (52 - 4).

Posons la variable suivante :

$x :=$ valeur de la carte choisie par le spectateur.

On sait qu'après l'étape 3. a), il y aura exactement $x$ cartes sur le sommet A, $x$ cartes sur le sommet C et $x$ cartes sur le sommet E.

En ce qui concerne l'étape 3. b), comme le tour commence avec 48 cartes et que le spectateur enlève $x$ cartes pour les 3 sommets, le spectateur distribue pour les faces B, D et F un total de :

$$48 - 3x \text{ cartes.}$$

De plus, comme le spectateur alterne la distribution des cartes restantes sur les trois autres lettres, on sait qu'elles auront le même nombre de cartes. Autrement dit, on doit diviser le nombre de cartes à distribuer en 3 pour connaître le nombre de cartes qu'il y aura sur les cases B, D, F.

$$\frac{48-3x}{3} = \frac{48}{3} - \frac{3x}{3} = 16 - x.$$

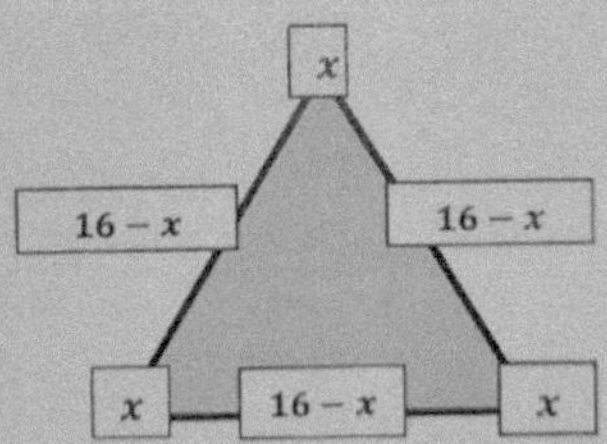


Finalement, chaque côté du triangle est composé de deux sommets et de l'une des lettres B, D ou F.

En sachant ce que nous venons de dire plus tôt, si nous posons :

$n :=$ nombre de cartes sur un côté du triangle,

nous obtenons :

$$n = x + x + (16 - x) = 2x + 16 - x = x + 16$$

$$\Rightarrow n = x + 16$$
$$\Rightarrow x = 16 - n.$$

Ainsi, lorsque le spectateur dévoile le nombre de cartes sur un côté du triangle ($n$), le magicien n'a qu'à soustraire 16 à ce nombre pour connaître la valeur de la carte ($x$).

# EXPLICATION MATHÉMATIQUE

## Voici pourquoi ce tour fonctionne (suite)

### Deuxième résolution possible :

Au début du tour, le spectateur sélectionne 4 cartes et les retire du jeu. Ainsi, le tour se déroule avec 48 (52 - 4).

On sait que le nombre de cartes se trouvant sur les sommets (lettre A, C et E) est le même.

Également, la façon de distribuer les cartes résulte du fait que le nombre de cartes se trouvant sur les lettres D et F est le même.

On peut donc en conclure que les 3 ovales de la figure ci-dessous possèdent chacun le même nombre de cartes (chaque ovale est constitué de 2 lettres : une lettre parmi A, C et E ainsi qu'une lettre parmi B, D et F).

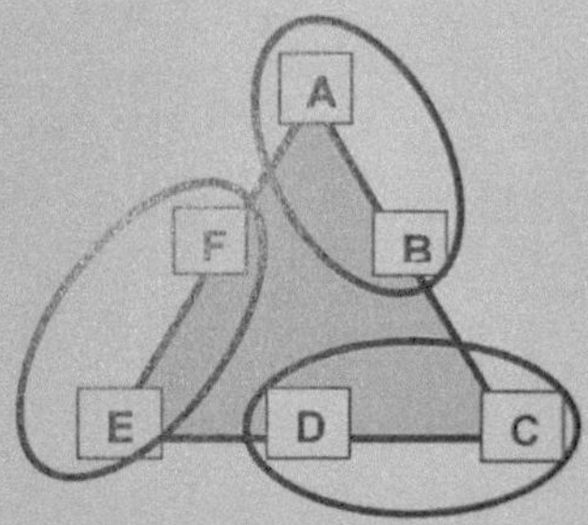


Également, comme toutes les cartes sont distribuées sur les lettres, on peut conclure que chaque ovale possède le tiers de 48, soit 16 cartes.

Or, chacun des côtés est composé d'un ovale et d'une lettre sur un sommet. En se rappelant que le nombre de cartes sur les lettres au sommet est égal à la valeur de la carte choisie par le spectateur, on sait ainsi que le nombre de cartes se trouvant sur un côté du triangle est de 16 (nombre de cartes se trouvant dans l'ovale additionné à la valeur de la carte (lettre au sommet).

Ainsi, on en conclut que la valeur de la carte est égale au nombre de cartes se trouvant sur un des côtés du triangle duquel on soustrait 16.

Les mathématiques révèlent des trésors tout comme la géométrie. Treize est un nombre premier le trésor public un organisme en or. En or dur est la loi des successions ou des infractions, de l'impôt, on injecte de l'argent comme dans une poubelle cet argent ressort en subventions pour le bien de tous les administrés des communes, des régions ou de l'état... sous forme de salaire pour les fonctionnaires.

_°_°_°_°_°

Pardon selon l'évangile 7*77 fois ou 539
Ainsi il est facile de déterminer un nombre s'il est divisible par 7, méthode :

539 les deux premiers chiffres sont 53, suivis du nombre 9 que l'on multiplie par 5, le produit fait 45. On calcule la somme : 53+45=98 ; par le même principe 9 + 8*5=49 qui est le carré parfait de 7.

_°_°_°_°_°

16)
Les
Mayas
et la
plaque
de
Leyde :

Les
Mayas
ont
défini 2
zéros,
l'un

cardinal, l'autre ordinal ;

La plaque de Leyde découverte en 1864 au Guatemala fut trouvée par hasard.

Elle a pour matériau le jade et a 21,7 cm de hauteur pour 8,6cm de largeur ;

Le verso de la plaque représente l'intronisation d'un roi, apparaissant deux fois

a) Pour former la date 0 Yaxkin du 1$^{er}$ jour du VIIème mois de l'année festive en calendrier ha'ab.

b) Pour noter l'accession au trône du roi Lune-oiseau représenté sur l'autre face de la plaque.

Toute civilisation est mortelle, la civilisation judéo-chrétienne se terminera t elle en parousie ?

## 17) Construction carré magique

Comme en informatique la base 16 hexadécimal, le carré 4*4 sera magique si la somme des lignes, colonnes,diagonales est égal à 34. Par des mouvements sur le carré de bases constitué de chiffres de 1 à 16 nous aurons le carré magique.

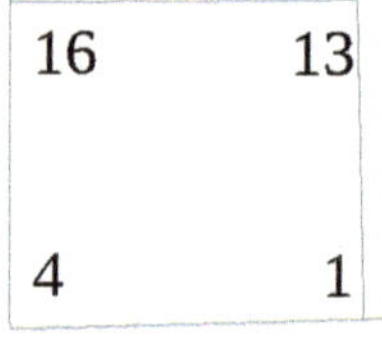

| 1 | 2 | 3 | 4 |
|---|---|---|---|
| 5 | 6 | 7 | 8 |
| 9 | 10 | 11 | 12 |
| 13 | 14 | 15 | 16 |

Inverser les nombres extrêmes des 2 diagonales

| 16 | | | 13 |
|---|---|---|---|
| | | | |
| | | | |
| 4 | | | 1 |

Inverser les 4 nombres au centre des diagonales.

| 16 | | | 13 |
|---|---|---|---|
| | 11 | 10 | |
| | 7 | 6 | |
| 4 | | | 1 |

Réinscrivez les nombres restants à leur place originale

| 16 | 2 | 3 | 13 |
|---|---|---|---|
| 5 | 11 | 10 | 8 |
| 9 | 7 | 6 | 12 |
| 4 | 14 | 15 | 1 |

= total lignes et diagonales font 34

## 17) Carré magique 10*10 : lignes colonnes et diagonales totalisent 505

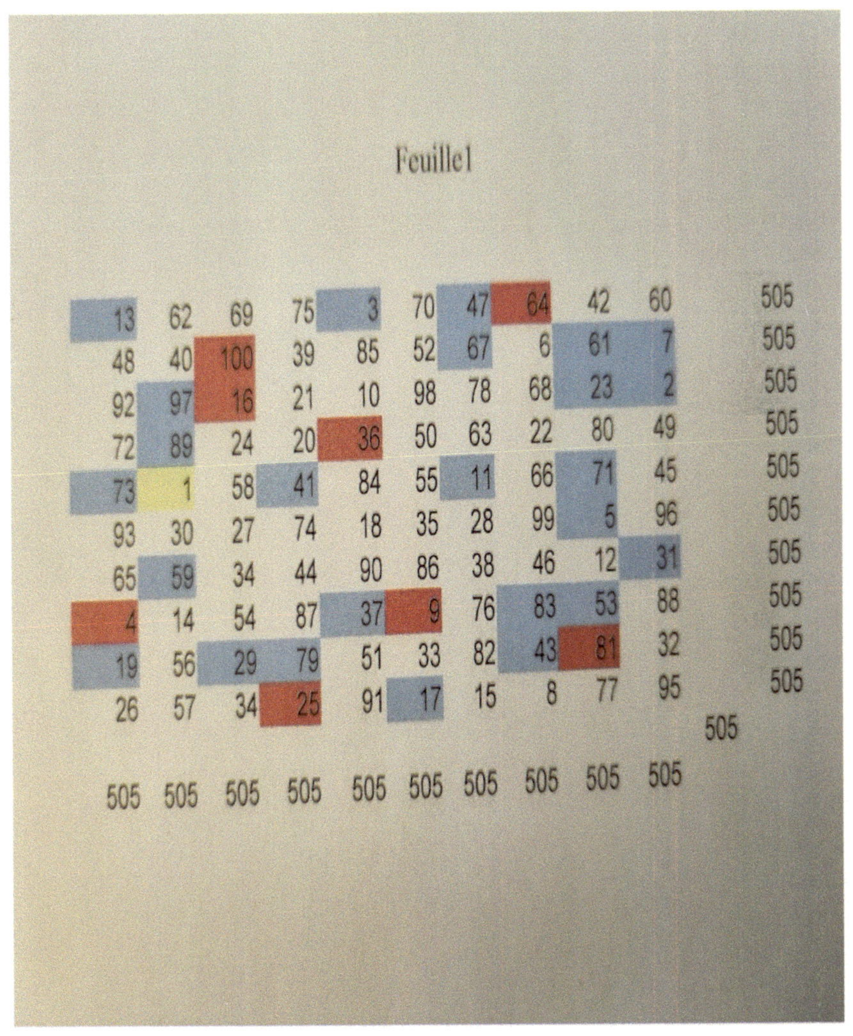



| 13 | 62 | 69 | 75 | 3 | 70 | 47 | 64 | 42 | 60 | 505 |
| 48 | 40 | 100 | 39 | 85 | 52 | 67 | 6 | 61 | 7 | 505 |
| 92 | 97 | 16 | 21 | 10 | 98 | 78 | 68 | 23 | 2 | 505 |
| 72 | 89 | 24 | 20 | 36 | 50 | 63 | 22 | 80 | 49 | 505 |
| 73 | 1 | 58 | 41 | 84 | 55 | 11 | 66 | 71 | 45 | 505 |
| 93 | 30 | 27 | 74 | 18 | 35 | 28 | 99 | 5 | 96 | 505 |
| 65 | 59 | 34 | 44 | 90 | 86 | 38 | 46 | 12 | 31 | 505 |
| 4 | 14 | 54 | 87 | 37 | 9 | 76 | 83 | 53 | 88 | 505 |
| 19 | 56 | 29 | 79 | 51 | 33 | 82 | 43 | 81 | 32 | 505 |
| 26 | 57 | 34 | 25 | 91 | 17 | 15 | 8 | 77 | 95 | 505 |
| 505 | 505 | 505 | 505 | 505 | 505 | 505 | 505 | 505 | 505 | |

Les nombres
de 1 à 100
sont répartis
dans le
tableau ; les
nombres
entiers
premiers,en
bleu, rouge
les carrés.

Les carrés
magiques
d'ordre
impair sont
faciles à
concevoir
par une
méthode.

Les sommes
lignes
diagonales
ont une
somme
magique par
la formule :
$(1/2)n*(n^2+1)$

| | | | | | | | | |
|---|---|---|---|---|---|---|---|---|
| 7 | 78 | 29 | 70 | 21 | 62 | 13 | 54 | 5 |
| 6 | 38 | 79 | 30 | 71 | 22 | 63 | 14 | 46 |
| 7 | 7 | 39 | 80 | 31 | 72 | 23 | 55 | 15 |
| 6 | 48 | 8 | 40 | 81 | 32 | 64 | 24 | 56 |
| 7 | 17 | 49 | 9 | 41 | 73 | 33 | 65 | 25 |
| 6 | 58 | 18 | 50 | 1 | 42 | 74 | 34 | 66 |
| 7 | 27 | 59 | 10 | 51 | 2 | 43 | 75 | 35 |
| 6 | 68 | 19 | 60 | 11 | 52 | 3 | 44 | 76 |
| 7 | 28 | 69 | 20 | 61 | 12 | 53 | 4 | 45 |

Ainsi le
carré
magique du
pape Léon
III

8 carrés
magiques
ordre 3 :

2 9 4

7 5 3

6 1 8

———

6 1 8

7 5 3

2 9 4

———

4 3 8

9 5 1

2 7 6

———

2 7 6

9 5 1

4 3 8

39

___

8 3 4

1 5 9

6 7 2

___

6 7 2

1 5 9

8 3 4

___

4 9 2

3 5 7

8 1 6

___

8 1 6

2 5 7

4 9 2

___

exhaustif

111

J ♥
AN TAN
LONTAN

19) Construire un carré magique d'ordre 5 à partir des nombres de 1 à 25 d'un losange.

```
            1
         6     2
       11    7    3
    16    12    8    4
 21  17    13    9  5        (1)
    22   18    14   10
       23   19   15
         24   20
            25
```

```
            1
         6     2
       11 24 7 20  3
    16   4 12 25  8 16  4
 21   17  5 13 21  9    5
 22  10 18  1 14 22 10
    23  6 19  2 15
       24     20
            25
```

les lignes colonnes diagonales font somme magique 65 en faisant entrer les nombres extérieurs au carré (1) d'un pas de 5.

**20) Bibliographie** :

Les plis de ma mémoire 2012
Une bonne conscience
Des mots au delà des maux
Hier et maintenant
Magot tabou pour Toubabou
Biographie ou fils de percepteur
Poésies et prières
Poésies
Odes et sonnets marotiques
Correspondances
L'eau vive de nos dialogues
Renouveau poétique 2022
Poésies et théâtre d'objets
Temps présent
Espoir et espérance
Fables et jeux mathématiques

Contact avec auteur cledel2@wanadoo.fr

Livres disponibles à l'achat sur amazon, fnac, decitre

Sites de dessin personnels: https://dessins-photographies.hubside.fr

et        https://caricatures.hubside.fr

Livre témoignage de Michel PARISET : Naguère la guerre

21) Table des matières :